AF392788

Séances dans lesquelles les rapports ont été lus.	Especes de Remedes.	Possesseurs & Distributeurs des Remedes.
23 Octobre 1778....	Remede anti-vénérien................	Par les sieurs *Meurant* & *Danizole*.
30 Décembre 1778.. & 18 Mai 1779..	Eau anti-vénérienne................... Liqueur anti-gonorrhoïque............	Par le sieur *Belmain*.
6 Novembre 1778..	Eau spiritueuse, dite d'Angleterre.....	Par le sieur *Lahoussaie*.
10 Novembre 1778..	Biscuit purgatif....................	Par le sieur *Le Page*.
17 Novembre 1778,.	Opiat............................	Par le sieur *Pottin*.
20 Novembre 1778,,	Clous sympathiques contre les douleurs de dents.......................	Par le sieur *Ogier*.
24 Novembre 1778..	Clous sympathiques contre les douleurs de dents........................	Par le sieur *Jouville*.
24 Novembre 1778..	Différens Remèdes.................	Par le sieur *Fédeau*, résident alors à Epernay.
24 Novembre 1778..	Poudre fondante & lymphatique.......	Par le sieur *Tap*.
27 Novembre 1778..	Racine contre les douleurs de dents....	Par la dame *Cremo*.
4 Décembre 1778,.	Pièce d'estomac contre les indigestions, les coliques venteuses, & les accès d'Asthme......................	Par le sieur *Baussan*.
4 Décembre 1778..	Elixir, Baume.................... Eau Lunaire contre la gangrène, les ulcères, les abscès, &c.............	Par le sieur *Graind'orge*.
4 Décembre 1778..	Poudre fébrifuge & cordiale contre les maladies des bestiaux.............	Par le sieur *Bourdin*, à Pontarlier.
4 Décembre 1778..	Poudre Æthiopienne, œconomique, anti-hecticale & vermifuge.............	Par le sieur *de Pont*, à Loches.
18 Décembre 1778..	Poudre Capitale contre toutes les affections de la tête..................	Par le sieur *Laurent*.
18 Décembre 1778..	Remede pour fortifier les nerfs, calmer les douleurs rhumatisantes, guérir les meurtrissures, contusions, dislocations, &c..........................	Par le sieur *Bastacq*.
29 Décembre 1778,,	Différens Remèdes, dits Vulnéraires.,,	Par le sieur *Guillot*.
29 Décembre 1778..	Poudre anti-vermineuse.............	Par le sieur *Guyot*, résident à Songy.
31 Décembre 1778..	Remède contre plusieurs espèces de maladies........................	Par la dame *Walt*, épouse du sieur *Beau de Faiterne*, à Réthel-Mazarin.

Séances dans lesquelles les rapports ont été lus.	ESPÈCES DE REMÈDES.	Possesseurs & Distributeurs des Remedes.
8 *Janvier* 1779....	Elixir pour la guérison de la colique...	Par M *Soullier.*
8 *Janvier* 1779....	Remède fébrifuge & vermifuge ou dépuratif du sang..................	Par le sieur *Juliet.*
19 *Janvier* 1779...:	Eau de Beauté....................	Par la veuve *Dorbergue.*
22 *Janvier* 1779....	Différens Remèdes auxquels on attribue diverses propriétés.............	Par le sieur *Brisemoutier.*
22 *Janvier* 1779....	Surpoint pour la guérison de engelures..	Par le sieur *Datte*, Corroyeur.
26 *Janvier* 1779....	Remède pour la guérison des laits répandus.....................	Par le sieur *Maurice*, Herboriste.
26 *Janvier* 1779....	Jus, dit de réglisse................	Par la Dlle. *de Vaux.*
26 *Janvier* 1779....	Colier pour faciliter aux enfans le germe des dents, & en empêcher les douleurs.	Par le sieur *Macé.*
26 *Janvier* 1779....	Remède pour la guérison des laits répandus.....................	Par la dame *Clodieu.*
5 *Février* 1779....	Eau, dite de la Reine d'Hongrie.......	Par un Particulier de Nancy.
5 *Février* 1779....	Boules, dites de Nancy.............	Par un Particulier, rue du Sépulcre.
9 *Février* 1779....	Pommade pour la guérison des hémorrhoïdes.....................	Par la dame *Monneau.*
11 *Février* 1779....	Huile & Tisane contre la toux........	Par la dame *Granger.*
19 *Février* 1779....	Sachets propres à prévenir la contagion de la petite vérole................	Par le sieur *Prevost.*
2 *Mars* 1779....	Thé, dit balsamique..............	Par le sieur *Guyot.*
2 *Mars* 1799....	Esprit-de-vin pour les maux de tête, migraines, douleurs sourdes fixées sur les membres...................	Par M. *Barbier.*
10 *Mars* 1779....	Boules pour les cautéres............	Par le sieur *Maignan.*
12 *Mars* 1779....	Elixir, dit stomachique.............	Par le sieur *Michelin.*
12 *Mars* 1779....	Pommade Capillaire de Pipertuis......	Par le sieur *Thomas.*
12 *Mars* 1779....	Esprit contre les douleurs de dents..... Remède contre la galle.............	Par le sieur *Ricci.*
15 *Mars* 1779....	Poudre Céphalique pour rappeller la mémoire, &c.......................	Par le Sr *André Honoré.*

Séances dans lesquelles les rapports ont été lus.	ESPECES DE REMEDES.	Possesseurs & Distributeurs des Remèdes.
27 Avril 1779	Poudre fébrifuge & vermifuge	Par le sieur *Santon*, à Forcalquier.
27 Avril 1779	Graisses médicinales	Par le sieur *Renet*.
4 Mai 1779	Poudre contre la galle	Par le sieur *Jallerat*.
4 Mai 1779	Eau cordiale & Baume philosophique	Par le Sr *Cuchet Salomon*.
4 Mai 1779	Pommade pour la guérison des humeurs froides	Par le sieur *Sivil*.
14 Mai 1779	Poudre sympathique . . . . Opiat pour les dents, &c	Par le sieur *Petillot*.
14 Mai 1779	Opiat & Poudre pour la guérison des dartres, cancers, &c	Par le sieur *Jeudy*.
18 Mai 1779	Remède lithontriptique	Par le sieur *Manuel*, résident à Aix.
18 Mai 1779	Baume contre les rhumatismes	Par un Particulier, résident à Paris.
18 Mai 1779	Remède anti-goûtteux	Par M. *Boutoux*, à Marseille.
21 Mai 1779	Remède pour la guérison des vapeurs . . .	Par la dame *Pitara*.
28 Mai 1779	Recueil de différentes Recettes prises de divers Auteurs	Par le sieur *Dupuy*.
1r Juin 1779	Poudre contre les hémorragies	Par le sieur *Faynard*.
8 Juin 1779	Pommade pour faire croître les cheveux . .	Par le sieur *Agnian Cornette*.
8 Juin 1779	Remède purgatif & vermifuge	Par le sieur *Poli de Blanchet*.
15 Juin 1779	Remède pour purifier le sang	Par la dame *le Bœuf*.
22 Juin 1779	Eau balsamique, céphalique & stomacale .	Par un Particulier demeurant à Paris.
2 Juillet 1779	Baume pour la guérison des rhumatismes .	Par le sieur *Perdereau*.
9 Juillet 1779	Poudre purgative & vermifuge	Par le sieur *Dinville*.
27 Juillet 1779	Remèdes contre la rétention d'urine, la paralysie, &c	Par le sieur *Harel*, demeurant près de Coutances.
27 Juillet 1779	Tisane purgative & vermifuge	Par le sieur *Barge*, à Lyon.
30 Juillet 1779	Pommade ophtalmique	Par le sieur *Régent*.
30 Juillet 1779	Huile philosophique . . . . Elixir magnifique	Par le Sr *Angel Rovati*.

Séances dans lesquelles les rapports ont été lus.	Especes de Remedes.	Possesseurs & Distributeurs des Remèdes.
30 *Juillet* 1779.......	Pierre admirable contre les maux de tête & des yeux..........................	Par le sieur *Frémondeau*, à Poitiers.
3 *Août* 1779........	Remèdes contre les dartres, les pertes de sang, les hémorrhoïdes & l'inflammation des yeux.....................	Par le sieur *Marcilly*, à Rosny.
3 *Août* 1779........	Onguent contre les ulcères chancreux, les vieilles plaies, &c.................	Par la dame *Floris*.
6 *Août* 1779........	Puissants résolutifs..................... Pilules fondantes......................	Par le sieur *Vigneul de Mathon*.
6 *Août* 1779........	Elixir...............................	Par la dame *Garnier*.
10 *Août* 1779......	Remède contre les maladies vénériennes.	Par le sieur *Goulu*.
10 *Août* 1779......	Eau, dite de Villars ou de Santé........ Tisanne pour le traitement de la gonorrhée............................ Autre Tisane contre les maladies vénériennes inveterées................	Par le sieur *Gigandet*.
10 *Août* 1779......	Préparation contre l'épilepsie..........	Par un Particulier, à Marseille.

1°. La Société croit devoir ajouter les Observations suivantes. Il a été défendu au sieur de *Lauve*, possesseur d'un Remède pour le traitement des laits répandus ; & au sieur *Denize*, auteur de l'Elixir dit *bienfaisant*, de continuer la distribution de ces Préparations.

2°. La Société a nommé des Commissaires pour faire l'examen de la Composition anti-vénérienne du sieur *Laffecteur*. Il leur manque une substance végétale que la saison ne leur a point encore permis de se procurer. Ils seront incessamment en état d'achever cette opération, & le Public sera instruit de ses effets.

3°. Le sieur *Dimo Stephanopoli* a présenté une Coraline, dite vermifuge ; & le sieur *Bruna de St. Joseph*, un Sel de Canal, qui n'est autre chose que du sel d'Epsom. La Société a pensé que ces différentes substances peuvent être utiles dans plusieurs cas ; mais que se trouvant chez les Pharmaciens, leurs Possesseurs seront obligés de se conformer aux Loix du Commerce, & à ce qui leur sera prescrit à cet égard par le Magistrat auquel le Gouvernement a confié la conservation de ces mêmes Loix.

4°. L'espece d'Empyriques la plus dangereuse est celle qui erre de ville en ville & qui se répand dans les campagnes. Le mal qui en résulte est d'autant plus fâcheux, qu'il est presque irrémédiable, & qu'il est impossible d'inspecter la conduite de ces Distributeurs, dont la route & la demeure sont inconnues. Nous apprenons, avec bien du plaisir au Public, que le Gouvernement paroît disposé à détruire absolument cet abus, & que le Ministre a déja donné des ordres pour que les Remèdes autorisés ne soient distribués que dans des Bureaux fixes, & par des personnes domiciliées, qui puissent être inspectées par les Doyens, Chefs ou Représentans des différens Corps de Médecine avec lesquels la Société a contracté une association de correspondance, ou par les Associés & les Correspondans de cette Compagnie.

5°. La Société a reçu différentes plaintes contre plusieurs de ces Distributeurs errans dont il a été parlé dans l'article précédent. Elle ne peut donner aucun renseignement sur la nature de leurs Remèdes, qu'elle ne connoît pas ; mais ayant reçu les affichès qu'ils répandent avec

(6)

profufion, ces annonces contenant des affertions peu réfléchies, des promeffes téméraires & des éloges outrés de leurs Secrets ; enfin ces Particuliers n'ayant aucun droit pour faire la vente de leurs Drogues, la Compagnie fe croit obligée de faire connoître leurs noms au Public, & elle fe fert même de cette voie pour les fommer de fe foumettre à l'examen prefcrit par la loi. Les Remèdes qu'ils diftribuent dans les Provinces font énoncés dans l'état fuivant :

REMEDES DISTRIBUÉS DANS LES PROVINCES.	Noms des Diftributeurs dans les Provinces.
1°. Un Antidôte végétal & vermifuge	Par le fieur *Fontaine de Bellevil'e.*
2°. Un Dépuratif du fang contre le mal vénérien & l'hydropifie ; des Parfums d'Afie, & d'Afrique ; Effence qui guérit en fix minutes les douleurs de dents	Par le fieur *Alzaron.*
3°. Grains de fanté correctifs & antidotals ; Baume Policrefte antidotal	Par le fieur *Zenon fefti.*
4°. Compofition de Racines d'Amérique contre le mal caduc, les fiévres putrides, la goutte, le mal vénérien	Par le Sr *Philippe Ramay.*
5°. Remède contre la furdité, les maux d'yeux, les loupes. Baume pour détruire les matieres gluantes. Poudre pour purifier le fang & guérir les fiévres, le mal d'eftomac	Par le fieur *Beaumont.*
6°. Elixir végétal, propre au traitement des maladies tant internes qu'externes	Par le fieur *Malliani*, fe difant Infpecteur général des Opérateurs du Royaume.
7°. Remède pour le traitement des maladies de langueur, les ulcères, humeurs froides, cancers, &c.	Par le fieur *Ménager*, fe difant Médecin pour le miroir des urines.
8°. Préparation pour la guérifon des maladies qui paffent pour incurables.	Par les fieurs *le Fort* & *d'Arnés.*
9°. Grand Vermifuge & Dépuratif de la maffe du fang. Baume aromatique. Pierre de Ste. Opportune.	Par le Sr *Charles Morel de l'Ifle*, avec une troupe d'Opérateurs.
10°. Huile Botanique.	Par le fieur *Maffey.*
11°. Différens Remèdes annoncés pour le traitement des maladies les plus rébelles.	Par les fieurs *Vifcomti, Defmarais, Edin, d'Angleberne, Padouinel, Penton, de St. Germain.*

La Société invite fes Correfpondans, & en général tous les Citoyens zélés pour le bien public, à lui faire connoître les abus qui pourront être commis par les Empyriques, Opérateurs & Diftributeurs de Remèdes dans toute l'étendue du Royaume.

Je certifie que ces différens États font fidélement extraits des Regiftres de la Société Royale de Médecine, qui a arrêté qu'ils feront inceffamment rendus publics. Fait au Louvre, ce 10 Août 1779.

Signé V I C Q D'A Z Y R, Secrétaire perpétuel.

Permis d'imprimer, le 13 Août 1779. L E N O I R.

De l'Imprimerie de Ph.-D. PIERRES, Imprimeur de la Société Royale de Médecine. 1779.

TROISIEME AVIS AU PUBLIC,

Concernant les Remedes pour lesquels on demande des Permissions ou Brevets ; avec un état contenant la suite de ceux que la Société Royale de Médecine a examinés & rejettés.

L A Société Royale de Médecine a déja publié deux Avis dans le genre de celui qu'elle croit devoir répandre aujourd'hui. L'expérience ayant prouvé que ceux auxquels elle a refusé son approbation, ont, malgré les défenses les plus féveres, la hardieffe de diftribuer leurs Remedes dans les Provinces, & que plufieurs même ont pouffé la témérité jufqu'à fe dire approuvés par elle, cette Compagnie a penfé qu'il feroit très-utile de préfenter au Public la fuite du Tableau des Remedes qu'elle a rejettés.

L'article X des Lettres-Patentes du mois d'Août 1778, regiftrées en Parlement le premier Septembre fuivant, & l'article premier de la Déclaration du Roi du 26 Mai 1780, regiftrée dans les différentes Cours fouveraines du Royaume, défendent expreffément la diftribution des Remedes que la Société n'aura point approuvés. Cette adminiftration eft donc fous la protection des Loix, & toutes les perfonnes inftruites peuvent & doivent y avoir recours pour défendre la fanté de leurs concitoyens contre les entreprifes des Charlatans. La Société invite les Médecins & Chirurgiens à faire tous leurs efforts & à ne point fe décourager dans l'exécution d'un projet auffi utile à l'Etat qu'il eft honorable pour la Médecine.

Suite du Tableau des Remedes & autres Préparations examinées par la Société Royale de Médecine, auxquels elle n'a point accordé fon approbation.

Séances dans lefquelles les rapports ont été lus.	ESPECES DE REMEDES.	Poffeffeurs ou Diftributeurs des Remedes.
20 *Août* 1779	Eau pour les maladies des dents, & Pommade contre les poux, la galle, la teigne....	Le fieur *Sauvage*, à Saint-Denis.
24 *Août* 1779	Vulnéraires........................	Le fieur *Tullier*, à Paris.
3 *Septembre* 1779.	Tifane fudorifique purgative..............	Le fieur *Ramey*, à Dôle en Franche-Comté.

SECOND AVIS AU PUBLIC,

Co*ncernant* les *Remedes pour lesquels on demande des Permissions ou Brevets.*

Aussi-tôt que la Société Royale de Médecine a été chargée, par l'Article X des Lettres-Patentes, enregistrées au Parlement le premier Septembre 1778, de l'examen des Remedes pour lesquels on demande des Permissions ou Brevets, elle s'est empressée de faire connoître, dans un Avis daté du 20 Novembre 1778, & qui a été distribué dans tout le Royaume, la maniere dont elle procéde à cet examen. Elle a en même tems donné à ceux qui, avant d'employer des Remedes secrets, ont voulu savoir quel degré de confiance ils méritoient, la facilité de consulter ses Regiftres ; & son Bureau a été ouvert à toutes les personnes qui ont désiré de prendre des renseignemens à ce sujet.

La Société, afin de mettre le Public dans le cas de n'être point trompé par les distributeurs des Remedes auxquels elle a refusé son approbation, soit parce qu'elle les a jugés dangereux ou inutiles, soit parce qu'elle les a trouvés absolument semblables à ceux qui sont prescrits dans les Dispensaires, a désiré qu'il soit publié un Etat des préparations médicinales qu'elle a rejettées. Elle est bien éloignée de soupçonner les intentions de ceux qui en sont les auteurs ou les possesseurs, & elle est persuadée que la plupart n'ont cherché à se concilier la confiance publique, que parce qu'ils ont été séduits par de fausses apparences, que leur défaut de connoissances en médecine ne leur a pas permis d'apprécier.

Il se distribue plusieurs Remedes dont la Société n'a point encore pris connoissance ; il y en a d'autres de l'examen desquels elle s'occupe. Elle donnera à ce sujet de nouveaux Avis. De ce qu'un Remede n'est pas compris dans ce nouvel Etat, il ne s'ensuit donc pas que le Public puisse lui accorder sa confiance. Les seules préparations avouées par la Société sont celles dont les possesseurs ou distributeurs peuvent présenter une Approbation extraite de ses Regiftres & signée de son Secrétaire. Elle suivra ce travail avec le plus grand zèle, & lorsqu'il sera plus avancé, elle publiera un Etat indicatif des Remèdes qu'elle aura cru devoir approuver.

É T A T   D E S   R E M E D E S qui ont été soumis à l'examen de la Société Royale de Médecine, & auxquels elle n'a pas jugé à propos d'accorder son Approbation.

Séances dans lesquelles les rapports ont été lus.	E S P E C E S D E R E M E D E S.	Possesseurs & Distributeurs des Remedes.
15 *Septembre* 1778..	Pâte, dite de Guimauve............	Par un Particulier de Cambray.
15 *Septembre* 1778.	Parfum anti-épidémique............. Parfum cosmétique, dit le Lait des abeilles...........................	Par le sieur *Valentino.*

Séances dans lesquelles les rapports ont été lus.	ESPECES DE REMEDES.	Possesseurs ou Distributeurs des Remedes.
3 Septembre & 12 Octobre 1779	Plusieurs Remedes anti-vénériens.........	Le sieur *Dutronchet.*
14 Septembre 1779.	Poudre purgative & vermifuge...........	Le sieur *Bouffaudeau*, à Cholet en Anjou.
21 Septembre 1779.	Remede pour ceux qui pissent au lit......	Un Particulier à Paris.
5 Octobre 1779 ..	Essence merveilleuse d'Altona............	Différens Particuliers.
8 Octobre 1779 ..	Pommade pour le teint..................	Le Sr *Dantoine*, à Paris.
12 Octobre 1779 ..	Remede contre le virus scrophuleux	Un Particulier à Rozoy-en-Brie.
15 Octobre 1779 ..	Jus de Réglisse particulier, dit à la Française	Le Sr *Colas*, à Paris.
19 Octobre 1779 ..	Opiat philosophique...................	Le Sr *Mutelé*, à Paris.
22 Octobre 1779 ..	Baume de Chatillon	Le sieur *Dedessus-le-Moutier.*
25 Octobre 1779 ..	Pain-d'Epices contre les vers (1)	Le sieur *Joly*, à Paris.
25 Octobre 1779 ..	Pain-d'Epices contre les vers	Le sieur *Saby*, à Paris.
26 Octobre 1779 ..	Boules dites de Nancy.................	Le sieur *Legœury*, dit *le Tondeur*, à Nancy.
9 Novembre 1779.	Remede contre l'asthme...............	Le sieur *le Gallois*, à Falaise.
19 Novembre 1779.	Composition contre les maux de dents.	Le Sr *Bazile Palerme.*
19 Novembre 1779.	Remede appellé presqu'universel	Le sieur *Nic Pantaleon Patot*, à Marsal en Lorraine.
4 Janvier 1780 ..	Poudre contre les maux de dents........	La dame *Bernard*, veuve Barbu.

(1) Le Public est prévenu qu'il est très-dangereux d'user des pains-d'épice purgatifs quelconques pris chez les Marchands de pains-d'épice. Outre que les seuls Pharmaciens ont droit à la confianee publique pour les préparations médicinales, le mélange des drogues purgatives dans ces sortes de pains se fait d'une maniere incertaine & irréguliere ; la nature de ces purgatifs que l'on y emploie est d'ailleurs inconnue ; tout annonce le danger d'un semblable remede.

Séances dans lesquelles les rapports ont été lus.	ESPECES DE REMEDES.	Possesseurs ou Distributeurs des Remedes.
14 *Janvier* 1780..	Remedes anti-vénériens...............	Un Particulier, à Vré-court.
26 *Février* 1780..	Le Trésor de la vie..................	Un Empirique.
31 *Mars* 1780....	Préparation purgative	Un Particulier, à Arles.
14 *Avril* 1780....	Remede contre les pleurésies & fluxions de poitrine.............................	Le Sr *Bailleul*, à Paris.
2 *Mai* 1780.....	Baume Nerval & aromatique	Le *Rousselot*, au Fay-Billot.
2 *Mai* 1780.....	Liniment ou huile d'ours pour faire croître les cheveux	La Dlle *Delahaye*, à Paris.
5 *Mai* 1780.....	Poudre anti-dotale disjective & curative & Baume universel.	Le sieur *Condé*.
23 *Mai* 1780.....	Eau contre les hémorragies............. Eau contre les fleurs blanches..........	Le sieur *Cadmur de la Hirlaye*.
2 *Juin* 1780....	Remede contre la rage. = Elixir bienfaisant. = Remede contre les vapeurs, &c. = Huile pour les blessures. = Eau pour les coliques. = Eau-de-vie de cochléaria. = Onguent des Isles.................	La dame *David*.
2 *Juin* 1780.....	Remède contre les laits répandus..........	La Dlle *Berthon*.
6 *Juin* 1780.....	Graisse pour les douleurs.............. Eau pour les yeux....................	Le sieur *Stef*, à Lyon.
9 *Juin* 1780.....	Baume universel. = Baume déterSif aromatique. = Eau céleste	Un Particulier à Philippeville.
13 *Juin* 1780....	Elixir contre les maladies locales de la bouche	Le sieur *Carnelli*.
21 *Juin* 1780.....	Remede contre les rétentions d'urine. = Remede contre la dyssenterie & flux de sang. = Onguent Nerval.............	Le sieur *Edde*, à Mortagne.
27 *Juin* 1780.....	Remede contre les cancers, humeurs froides, &c.	Le sieur *Hastain*.

(4)

Séances dans lesquelles les rapports ont été lus.	ESPECES DE REMEDES.	Possesseurs ou Distributeurs des Remedes.
27 *Juin* 1780.....	Tisane anti-vénérienne. = Baume pour les chancres, &c. = Eau balsamique pour les rhumatismes	Le sieur *Ménégand.*
27 *Juin* 1780.....	Eau pour les yeux......................	Le sieur *Lestrade.*
11 *Juillet* 1780...	Eau préparée pour les dents.............	Le sieur *Olivier.*
21 *Juillet* 1780...	Eau de Vénus pour le teint	La dame *Desjardins*, à Paris.
25 *Juillet* 1780...	Opiat	Le sieur *Foulon.*
18 *Août* 1780.....	Poudre de vie pour les enfans	Un Particulier à Ville-franche.
7 *Septembre* 1780.	Poudre purgative & vermifuge	Le sieur *Bassy.*
15 *Septembre* 1780.	Poudre de santé.......................	Le sieur *Bourget.*
3 *Octobre* 1780..	Elixir pour les yeux....................	La dame *Dubois.*
13 *Octobre* 1780..	Elixir de longue vie...................	Le sieur *Raymond.*
13 *Octobre* 1780..	Eau pour les yeux,.................... Elixir stomachique	Le sieur *Scanagatta Valentini.*
17 *Octobre* 1780..	Eau spécifique pour la guérison des maladies dartreuses..........................	La dame *de Saint-Romain.*
17 *Octobre* 1780..	Eau contre le charbon, gangrene, &c...... Poudre pour arrêter les hémorragies. = Spécifique contre les fievres d'accès	Un Particulier de Yan-ville en Beauce.
17 *Octobre* 1780..	Pommade pour le teint..................	Le sieur *Lamouroux.*
17 *Octobre* 1780..	Syrop & Baume pour les femmes en couche.	Le sieur *Bechtel*, à Berne.
17 *Octobre* 1780..	Vin contre l'hydropisie................. Cataplasme contre la goutte............. Mixture contre les maux de nerfs, & plusieurs autres Remèdes..................	Le sieur *Robinse.*
20 *Octobre* 1780..	Mélange & poudre purgative.............	Le sieur *Devergne*, à Montpellier.

Séances dans lesquelles les rapports ont été lus.	ESPECES DE REMEDES.	Possesseurs ou Distributeurs des Remedes.
24 Octobre 1780..	{ Poudre purgative.......................... { Eau pour les yeux..........................	Le sieur *Dind*.
1ᵉʳ Décembre 1780.	Remede contre le charbon...............	La veuve *Barillon*.
9 Décembre 1780.	Remede contre les rhumatismes...........	Le sieur *Magliani*.
19 Décembre 1780.	Purgatif fondant & dépuratif du sang......	Le sieur *Duval*.
4 Janvier 1781..	Poudre antigaleuse.......................	Le sieur *Thierry*.
19 Janvier 1781..	{ Remede pour dégrumeler le lait dans le sein { des femmes......................... { Baume contre la brûlure, les vieux ulceres, &c.	Un Particulier de Vevey en Suisse.
26 Janvier 1781..	{ Remede contre l'apoplexie & les affections { nerveuses........................	Un Particulier de Duretal.
15 Février 1781..	Tisane dite de Fels.....................	Le Sʳ *Boisme*, à Paris.
20 Février 1781..	{ Eau de Circé pour teindre les cheveux en { noir.........................	Le Sʳ *Midy*, à Paris.
20 Mars 1781....	{ Elixir cordial & purgatif................. { Baume verd végétal.....................	Le sieur *Capelle*, à Versailles.
20 Mars 1781....	Remede appellé le noble Purgatif..........	Un Particulier à Marseille.
10 Avril 1781....	Pillules vermifuges......................	Le sieur *Fortguerre de Callery*.
27 Avril 1781....	Eau pour la guérison des plaies............	Le sieur *Loisel*.
1ᵉʳ Mai 1781......	Poudre purgative........................	Le sieur *Chartruy*.
1ᵉʳ Mai 1781....	{ Remede contre la goutte................ { Remede contre les rhumatismes........... { Remede contre la fievre................	Le Chevalier ***.
8 Mai 1781.....	Mélange de plantes vulnéraires............	Le sieur *Billeit*.
18 Mai 1781.....	Elixir végéto-balsamique.................	Le sieur *le Cointe*.
18 Mai 1781......	Poudre sympathique.....................	Le sieur *Huet*.

Séances, dans lesquelles les rapports ont été lus.	ESPECES DE REMEDES.	Possesseurs ou Distributeurs des Remedes.
30 *Mai* 1781.....	Poudre purgative, fébrifuge & vermifuge.. Vulnéraires de différentes espèces......... Baume vulnéraire..................... Baume anodin résolutif.................	Le sieur *Lafron*, Paroisse de Cercueil, diocèse de Séez.
1^r *Juin* 1781....	Remede ou médecine universelle.........	Un Particulier à Essone.
6 *Juin* 1781.....	Remede contre les pertes de sang...........	Le sieur *Thomas*.
19 *Juin* 1781.....	Baume contre les rhumatismes, &c....... Eau vulnéraire...................... Essence de vie.......................	Le sieur *la Croix*.
19 *Juin* 1781.....	Remede contre les fievres tierces & quartes.	Le sieur *Wilkins*, à Chamberry.
28 *Juin* 1781.....	Baume = Pillules anthelmintiques........	Le sieur *Evrard des Cœurs*.
3 *Juillet* 1781...	Remede contre les maux d'yeux...........	La dame *Lausié*.
20 *Juillet* 1781...	Baume contre la paralysie, la goutte, &c...	Le sieur *Bassy*, à Pau.
7 *Août* 1781....	Liqueur restaurante, Pommade pour les rhumatismes........................	La dame *Colson*.
5 *Octobre* 1781..	Moyen méchanique pour guérir toutes sortes de fievres............................	Le sieur *Arnoux*, à Paris.
30 *Octobre* 1781..	Baume pour les plaies récentes............	Le sieur *Durot*.
30 *Octobre* 1781..	Essence de vie connue sous le nom de Treffeinscheldt............................	Différents Particuliers.
4 *Décembre* 1781.	Préservatif contre l'apoplexie............	Un Particulier de Chaillot.
25 *Janvier* 1782..	Remede contre les cancers..............	Le sieur *Massé*.

Je certifie que cet Etat est fidélement extrait des Registres de la Société Royale de Médecine, qui a arrêté qu'il seroit incessamment rendu public. Fait au Louvre, ce 12 Février 1782.

Signé VICQ D'AZYR, Secrétaire perpétuel.

A PARIS, De l'Imprimerie de Ph.-D. PIERRES, Imprimeur Ordinaire du Roi, de la Société Royale de Médecine, &c. rue Saint-Jacques.

www.ingramcontent.com/pod-product-compliance
Lightning Source LLC
Chambersburg PA
CBHW070722160726
47998CB00025BA/1483